Die neue Wiener Heurigen-Küche

CORNELIA & RICHARD
ZAHEL

Fotografiert von Miguel Dieterich

echomedia
BUCHVERLAG

Impressum:
ISBN: 978-3-902900-01-2

Media Quarter Marx 3.2
A-1030 Wien, Maria-Jacobi-Gasse 1

Produktion: Ilse Helmreich
Produktionsassistenz: Brigitte Lang
Layout: Elisabeth Waidhofer
Lektorat: Lucia Marjanovic
Herstellungsort: Wien

Besuchen Sie uns im Internet:
www.echomedia-buch.at

Inhalt

Vegetarische Speisen

Fisch

Fleisch

Cornelia Zahel

Vorwort

„Warum macht ihr ein Kochbuch?" Das sind wir in den letzten Wochen oft gefragt worden. Ja, warum? Die Idee, das kulinarische Repertoire unseres Heurigen in Buchform zu bringen, gab es schon lange. Letztendlich ausschlaggebend für die Umsetzung war aber erst der dringliche Wunsch unserer Gäste. Nach einem guten Essen und einem edlen Tröpferl in unserem Heurigen wollten sie nicht nur den guten Wein mit nach Hause nehmen, sondern auch daheim die köstlichen Rezepte nachkochen. Wir haben im Heurigen vor rund 15 Jahren damit begonnen, neben dem klassischen Buffet auch à la Carte zu kochen. Uns war wichtig, der guten Wiener Küche treu zu bleiben: mit traditionellen Rezepten, die modern interpretiert und kreativ verfeinert werden. Unsere Mütter haben uns ihre Familienrezepte und Küchengeheimnisse anvertraut und Cornelia hat daraus mit viel kreativem Gespür unsere Küchenlinie gestaltet. Jetzt wollen wir Sie in die Töpfe schauen lassen und Sie ermuntern, unsere Rezepte nachzukochen. Und gleichzeitig möchten wir Ihnen einen kleinen Einblick in unseren Familienbetrieb, unseren Heurigen und unser Weinbaugebiet geben.

Cornelia & Richard Zahel

Die Kinder wachsen im Betrieb auf. Franziska möchte Gartenbau studieren, Florian interessiert sich für Pâtisserie und der Jüngste, Valentin, will Weinbauer werden, oder Fußballer …

Irmhild Zahel bereitet ihre berühmten Buchteln immer noch selbst zu.

Das Familienleben steht im Mittelpunkt. Gemeinsam wird gegessen, geredet, gelacht und die Zukunft geplant.

*Richard ist ein richtiger Häferlgucker.
Bevor ein neues Gericht auf die Speisekarte
kommt, wird es von ihm ausführlich gekostet.*

In der Küche wird Cornelia Zahel von ihrem Team tatkräftig unterstützt. Trotz aller Hektik und der Konzentration auf das Wesentliche kommt das gemeinsame Lachen nicht zu kurz.

Die Tradition des Wiener Heurigen ist Cornelia und Richard Zahel sehr wichtig und wird von ihnen mit viel Liebe hochgehalten.

GETRÄNKE

Die Stammgäste wissen zu schätzen, dass Chef oder Chefin, oft beide, jeden Tag hinter der Schank stehen.

TÜV
ALKOHOL»TEST

20-C+M+
„Kadolzberg“
1/8 € 2 50

Der Garten ist meist von März bis Oktober in Betrieb. Eine grüne Oase mit uralten Dirndl-, Zwetschken- und Nussbäumen.

Liebe Gäste!
BITTE
PSSST!

143
9
HEURIGER
AUSG'STECKT IS'
6.8.–19.8.
11.30 - 24.00 UHR

Das Haus, das noch aus der Zeit Maria Theresias stammt, ist seit 1932 ein Heuriger. Seit damals pilgern die Wiener zum Zahel.

Aufstriche

Als es beim Heurigen nur kaltes Buffet gab, waren die Aufstriche der Mittelpunkt einer herzhaften Jause.

Eiaufstrich von der Zahel-Oma

Eier, hart gekocht	***10***
Topfen, 10 % Fettanteil	***250 g***
Magarine	***125 g***
Kremser Senf	***1 EL***
Salz, Pfeffer	

Zubereitung

Die gekochten und geschälten Eier halbieren und den Dotter vom Eiklar trennen. Die Dotter mit der Gabel zerdrücken und mit dem Topfen, der Magarine und den Gewürzen kurz vermischen. Das Eiklar ganz fein mit dem Messer hacken und ebenfalls zur Dottermasse mischen.

Mit dem Handmixer alles zusammen gut verrühren. Der Aufstrich sollte noch eine lockere, leichte Konsistenz aufweisen. Zum Schluss mit Schnittlauch bestreuen.

Dieser Aufstrich schmeckt nicht nur auf Schwarzbrot, sondern auch als Dip zu verschiedenen Gemüsestreifen sehr, sehr gut.

Quargelaufstrich von der Zahel-Oma

pikanter Quargel	***1 kg***
Margarine	***500 g***
Salz, Pfeffer, Paprika, gemahlener Kümmel	

Zubereitung

Den Quargel fein faschieren und mit der Margarine und den Gewürzen vermischen. Kühl lagern.

Mit Schnittlauch oder Petersilie bestreuen.

Grammelschmalz

weißer Speck, in kleine Würfel geschnitten	***1 kg***
Milch	***2 EL***
Salz, Pfeffer, Knoblauch und etwas Majoran	

Zubereitung

Den klein gewürfelten Speck in einem breiten Topf unter ständigem Rühren bei niedriger Temperatur ganz langsam auslassen. Das dauert ca. 45 Minuten. Zum Schluss die Milch dazugießen und weitere 5 Minuten köcheln lassen. Dadurch entsteht eine schöne weiße Farbe.

Das Fett abseihen und kühl stellen. Die Grammeln fein hacken und mit den Gewürzen zu dem fast fest gewordenen Schmalz mischen. Alles gut miteinander verrühren und nochmals kalt stellen.

Auf Schwarzbrot streichen.

Wer möchte, kann obenauf ganz fein geschnittene Zwiebelringe mit Paprikapulver geben. Dann aber bitte aufs Küssen verzichten – oder Sie verwöhnen Ihren Partner auch mit so einem Brötchen!

Das Schnitzerl

Mit dem Schnitzerl hielt Mitte der 1980er Jahre die warme Küche beim Heurigen Zahel Einzug. Traditionell wurde es in Schmalz herausgebacken. Zu dieser Zeit gab es auch erstmals Wein in Bouteillen. Damit war der Grundstein für die Weiterentwicklung des kulinarischen Angebots gelegt. Cornelia Zahel brachte die Küchenlinie schließlich zur Perfektion.

Vorspeisen

Sprossensalat mit Curry-Vinaigrette, gebratener Ananas und Garnelen

Für 4 Personen	
verschiedene Sprossen	***200 g***
Rucola	***100 g***
Kirschtomaten	***100 g***
Champignons	***100 g***
Jungzwiebeln, fein geschnitten	***2***
kleine Ananas	***1***
Garnelen, geschält	***500 g***
Curry-Vinaigrette:	
Joghurt	***125 ml***
Sauerrahm	***125 ml***
Salz, Pfeffer, Curry, Knoblauch	
Schlagobers	

Zubereitung

Verschiedene Sprossensorten mit fein geschnittenen Champignons, Jungzwieberln und kleinen Kirschtomaten mischen. Die geschnittene Ananas kurz anbraten. Die geschälten Garnelen mit Chiligewürz aromatisieren und ebenfalls auf beiden Seiten anbraten. Alles locker zusammenmischen und mit reichlich Kresse bestreuen. Obenauf setzt man die Garnelen. Wer es besonders scharf möchte, würzt noch mit gehacktem Chili.

Für die Curry-Vinaigrette Joghurt und Sauerrahm im Verhältnis 1:1 mit Salz, Pfeffer, Curry und Knoblauch mischen.
So viel Schlagobers dazurühren, dass eine flüssige, leichte Konsistenz entsteht.

Ziegenkäsekugerln auf Herbstsalat und Trauben

Für 4 Personen

Ziegenkäse	*400 g*
Gervais	*100 g*
Salz, Pfeffer, Knoblauch	
Thymian und Rosmarin, ganz fein gehackt	
Schnittlauch, fein geschnitten	
verschiedene Blattsalate	
grüne und blaue Trauben, halbiert und entkernt	
Radieschen	
Für die Marinade:	
Traubenkernöl	
Zitronen	*2*
Salz, Pfeffer, etwas Zucker	

Zubereitung

Bunt gemischte Blattsalate waschen und in mundgerechte Stücke zupfen. Marinade anrühren. Vorsicht: Die Marinade sollte nicht zu sauer sein, da sonst der herrliche Geschmack des Traubenkernöls untergeht.

Den Ziegenkäse durch ein Sieb streichen und mit dem Gervais und den Gewürzen gut vermischen. Es sollte eine feste Masse entstehen. Aus dieser Käsemasse 2 cm große Kugerln formen und im fein geschnittenen Schnittlauch wälzen. Natürlich können Sie auch verschiedene andere Kräuter verwenden.

Den Blattsalat mit der Marinade beträufeln und auf Tellern anrichten. Die Ziegenkäsekugerln und die Trauben obenauf setzen. Mit geraspelten Radieschen garnieren. Diese Bällchen sehen auch bei Veranstaltungen auf Käseplatten sehr dekorativ aus.

Ein knuspriges Vinschgerl schmeckt herrlich dazu.

Knuspriges Blunzenstangerl mit Kren-Dip

Für 4 Personen

Blunzenfülle:	
Wan-Tan-Blätter (können auch Strudelblätter sein)	*8*
Blutwurst	*300 g*
Zwiebel	*1*
Knoblauch Salz, Pfeffer, Majoran	
Dotter zum Bestreichen	*1*
Kren-Dip:	
Sauerrahm	*1/4 l*
Mayonnaise	*1 EL*
Kren, sehr fein gerieben	*1 EL*
Salz, Pfeffer	

Zubereitung

Die Zwiebel schälen und fein hacken. Die Blutwurst enthäuten und klein schneiden. In einer Pfanne zuerst die Zwiebel etwas anrösten und danach die Blutwurst 5 Minuten mitrösten. Die Gewürze dazugeben und alles gut auskühlen lassen. In der Zwischenzeit alle Zutaten für den Kren-Dip zusammenmischen und glatt rühren.

Wenn die Blutwurst ausgekühlt ist, die Teigblätter auflegen und die Ränder mit Ei bestreichen. Das verhindert ein Aufplatzen beim Backen. Eine dünne Rolle von der Blunzenmasse auflegen und den Teig straff zu einem Stangerl aufrollen. In Pflanzenfett langsam ausbacken.

Wer Kalorien einsparen möchte, kann die Stangerl auch im Rohr backen und die Mayonnaise beim Kren-Dip weglassen.

Beilagenempfehlung:

Feldsalat, Sauerkraut, Paprikakraut u.ä.

Entencarpaccio mit Rucola und Honig-Orangen-Pesto

FÜR 4 PERSONEN

Entenfilet	***4***
Salz, Pfeffer	
Honig	***2 EL***
große Orangen	***2***
Mandeln, geschält	***50 g***
Parmesan	
Olivenöl	
Rucola	***200 g***

ZUBEREITUNG

Die Haut der Entenfilets kreuzweise einritzen und würzen. Auf beiden Seiten In Olivenöl anbraten und danach mit Honig bestreichen. Mit der Hautseite nach oben für ca. 10–15 Minuten bei 180° C im Backrohr braten. 15 Minuten rasten lassen.

In der Zwischenzeit die Orangen schälen und klein schneiden. Mit den Mandeln, dem Parmesan, dem Honig und etwas Olivenöl in einem Cutter zu Pesto verarbeiten. Die Entenfilets dünn aufschneiden und auf Tellern anrichten. Die Filets müssen innen noch rosa sein, da sie sonst zu trocken werden. In die Mitte den marinierten Rucola setzen und das Honig-Orangen-Pesto über die Entenfilets verteilen. Mit frischem Majoran oder Basilikum und Parmesan garnieren.

Parmesan-Stangerln finde ich sehr gut dazu.

Matjestatar auf Erdäpfelpuffern

Für 4 Personen

Matjesfilets	***8***
Jungzwiebeln, fein geschnitten	***1 Bund***
kleine Gurkerl, ganz fein geschnitten (evtl. das Innere auskratzen)	***4***
Äpfel, geschält und klein geschnitten	***2***
etwas gehackte Dille	
Traubenkernöl	***6–8 EL***
Eier, hartgekocht	***2***
Für die Erdäpfelpuffer:	
mittlere Erdäpfel	***4***
Ei	***1***
Mehl	***1 EL***
Knoblauch, Salz	

Zubereitung

Die Matjesfilets trocken tupfen und ganz fein würfeln. Die anderen fein geschnittenen Zutaten, bis auf die Eier, zusammenmischen und im Kühlschrank für mindestens zwei Stunden rasten lassen.

In der Zwischenzeit die Erdäpfel reiben (mir schmecken sie grob geraspelt am besten). Jetzt muss es schnell gehen, da die Erdäpfel sehr rasch braun werden. Nach dem Reiben salzen und gut ausdrücken. Ei, Knoblauch und Mehl dazumischen und aus der Masse flache Laibchen formen. In nicht zu viel und nicht zu wenig Fett auf beiden Seiten ausbacken. Die fertigen Puffer herausnehmen und unbedingt überschüssiges Fett abtupfen.

Auf Tellern anrichten und das Matjestatar vorsichtig, mit Hilfe eines Ringes, daraufsetzen. Mit Ei und Dille garnieren.

Sauerkrautsoufflé auf Erdäpfelschaum

Für 4 Personen	
Zwiebeln	*2*
Speck, in Würfeln	*100 g*
Sauerkraut, gewaschen	*500 g*
Rindsuppe	
Salz, Pfeffer, Lorbeerblatt, evtl. Kümmel und Wacholder	
Dotter	*4*
Eiklar	*4*
Brösel	*2 EL*
Käse, gerieben	*2 EL*
Béchamelsoße	*2 EL*
Scheiben Speck	*8*
Für den Erdäpfelschaum:	
mehlige Erdäpfel	*2–3*
Schlagobers	

Zubereitung

Zwiebeln und Speck rösten. Das Sauerkraut dazugeben und mit Rindsuppe aufgießen.
Die Gewürze in einen Gewürzbeutel (Ich verwende immer einen Strumpf. Den kann ich mir zurechtschneiden und nach dem Kochen bequem entfernen.) geben und ca. 20 Minuten mitkochen lassen. Das Sauerkraut auskühlen und abtropfen lassen.
Die Eiklar steif schlagen und mit Dottern, Bröseln, Béchamelsoße und Käse zum Sauerkraut mischen. Die Souffléformen mit Butter ausstreichen und mit den Speckstreifen auslegen. Vorsichtig die Sauerkrautmasse einfüllen und bei 160° C ca. 30 Minuten backen.

Für den Erdäpfelschaum die Erdäpfel schälen, vierteln und sehr weich kochen. Das Wasser abseihen und die Erdäpfel salzen. Mit warmem Obers aufgießen und pürieren. Die Masse sollte schön cremig sein.

Den Erdäpfelschaum in der Mitte des Tellers anrichten und das Sauerkrautsoufflé vorsichtig darüberstürzen. Mit frischer Petersilie garnieren.

Suppen

Käsecremesuppe mit Speckstangerl

Für 4 Personen

Rindsuppe	**1 l**
Weichkäse	**150 g**
Mehl	**2 EL**
Butter	**100 g**
Weißwein	**1/8 l**
kleine Zwiebel	**1**
Salz, weißer Pfeffer und etwas Knoblauch	
Für die Speckstangerln:	
Scheiben sehr dünn geschnittenen Speck	**12**
Blätterteig	
Ei	**1**

Zubereitung

Die Zwiebel sehr fein schneiden und in der Butter glasig andünsten. Mit dem Mehl stauben und kurz anrösten. Den Wein und die Suppe dazugießen und alles einkochen lassen. Würzen und den in Scheiben geschnittenen Käse noch 5 Minuten mitkochen lassen. Wer möchte, kann die Suppe noch mit etwas Schlagobers verfeinern.

Für die Stangerln den Blätterteig ausrollen und in 1 cm dicke Streifen schneiden. Nun je eine Scheibe Speck und einen Blätterteigstreifen ineinander einrollen und auf ein mit Backpapier ausgelegtes Backblech legen. Mit Ei bestreichen und im Rohr bei 180° C goldbraun backen. Bitte extra zur Suppe reichen, sonst weichen die Stangerln zu sehr auf.

Kalte Rote-Rüben-Suppe mit Joghurt und Kren

FÜR 4 PERSONEN

Joghurt (kann auch Buttermilch oder griechisches Joghurt sein)	***1/2 l***
Rote-Rüben-Saft	***1/4 l***
Sauerrahm	***2 EL***
Gurken, geschält und in kleine Würfel geschnitten	***2***
Rote Rüben gekocht, geschält und in kleine Würfel geschnitten	***4***
Jungzwiebeln, fein geschnitten	***1 Bund***
Eier, hart gekocht und geschält	***4***
Apfelessig	***4 cl***
Salz, Pfeffer	
Dille und Kren, fein gerieben zum Garnieren	

ZUBEREITUNG

Alle Zutaten außer den Eiern und dem Rahm gut miteinander vermischen. Den Sauerrahm glatt rühren, die Eier vierteln und zur Seite stellen. Die Suppe für eine halbe Stunde in den Kühlschrank geben, damit sie beim Servieren auch wirklich kalt ist. Auf Tellern anrichten und mit dem Rahm und den Eiern dekorieren. Zum Schluss noch etwas Dille und Kren darauf streuen.

Mit Schwarzbrot oder heurigen Pellerdäpfeln anrichten.

Für mich ist diese Suppe im Sommer genial. Sie ist sehr schnell und einfach in der Zubereitung und an heißen Tagen angenehm erfrischend und leicht.

Steirische Krenfleischsuppe

Für 4 Personen

Für die Suppe:	
Schweineschopf oder Bauchfleisch (wer es etwas deftiger haben möchte)	***500 g***
Zwiebeln, durchgeschnitten	***2***
Knoblauchzehe, Salz, Pfeffer, Lorbeerblatt	
Suppe	***2 l***
Apfelessig	***1/8 l***
Für das Julienne-Gemüse:	
Karotten, in Streifen geschnitten	***2***
kleiner Zeller, in Streifen geschnitten	***1***
Jungzwiebeln nach Belieben, in feine Ringe geschnitten	
Erdäpfel, gekocht und in kleine Würfel geschnitten	***300 g***
Kren, frisch gerieben	
Schnittlauch, fein geschnitten	

Zubereitung

Die Suppe mit dem Fleisch und allen Gewürzen zum Kochen bringen. Die Temperatur etwas reduzieren und ca. 80 Minuten kochen lassen. Wenn das Fleisch weich ist, herausnehmen, in Frischhaltefolie wickeln und etwas auskühlen lassen. Die Suppe abseihen und wieder zum Kochen bringen. Das Gemüse in die kochende Suppe geben und ganz kurz mitkochen lassen. Es sollte noch ein bisschen Biss haben, sonst zerfällt es. Das Fleisch in kleine Würfel schneiden und mit den gekochten, geschnittenen Erdäpfeln in die Suppe geben. Mit reichlich Schnittlauch bestreuen.

Den frisch geriebenen Kren extra dazu reichen. So kann sich jeder nach Belieben bedienen.

Tipp: *Mit einem herrlich dunklen Bauernbrot serviert, hätten Sie gleich eine Hauptspeise.*

Tomatencremesuppe mit Schafkäsepüree

FÜR 4 PERSONEN	
Fleischtomaten	*5*
Zwiebel, grob geschnitten	*1*
Karotten, geschält und grob geschnitten	*2*
Knoblauch, Salz, Pfeffer	
Schlagobers	*1/4 l*
Für das Schafkäsepüree:	
Schafkäse	*100 g*
Crème fraîche	*50 g*
Salz, Pfeffer	
Karotte, fein geraspelt	*1*
Oregano,	

ZUBEREITUNG

Die Zwiebel in Olivenöl kurz anrösten. In einem Topf Wasser zum Kochen bringen. Tomaten beim Strunk einritzen und für zwei Minuten in das kochende Wasser legen. Herausholen und zum Abschrecken kurz in kaltes Wasser legen. Die Haut von den Tomaten ziehen, die Kerne mit der Flüssigkeit entfernen und das Fruchtfleisch grob schneiden. Karotten und Tomatenfruchtfleisch zu den Zwiebeln geben und mit einem Liter Wasser aufgießen. Würzen und 30 Minuten kochen lassen. Nun alles fein pürieren und nochmals aufkochen lassen.

Den weichen Schafkäse durch ein feines Sieb streichen und mit den anderen Zutaten kräftig vermischen. Die Tomatensuppe in Suppenschalen anrichten und das Schafkäsepüree in Rosettenform aufspritzen. Mit gehacktem Oregano und Basilikum garnieren.

Als Beilage schmeckt ein mit Knoblauch geröstetes Weißbrot sehr gut.

Weinsuppe vom Gemischten Satz mit Lachsschnitten

Für 4 Personen	
Zwiebeln	***2***
große mehlige Erdäpfel	***2***
Wein (Gemischter Satz)	***1/2 l***
Schlagobers	***1/4 l***
Salz, Pfeffer	
Lachsschnitten:	
Baguette	***1***
geräucherter Lachs	***150 g***
Butter	***2 EL***
Mehl	***1 gr. EL***
Milch	***ca. 1/4 l***
Ei	***1***

Zubereitung

Die Zwiebeln grob schneiden und rösten. Die Erdäpfel schälen, ebenfalls grob schneiden und zu den gerösteten Zwiebeln geben. Mit dem Wein aufgießen, würzen und eine halbe Stunde kochen lassen. Nach Bedarf Wein oder Suppe nachgießen – je nach Geschmack. Alles pürieren und mit Obers verfeinern. Weitere 10 Minuten kochen lassen.

Das Baguette in 1 cm dicke Scheiben schneiden und auf beiden Seiten leicht bräunen. Aus Butter, Mehl und Milch eine Béchamelsoße bereiten. Auskühlen lassen und mit Ei und Räucherlachs vermischen. Masse dick auf die Baguettescheiben aufstreichen und überbacken. Die Suppe in den Tellern anrichten und die überbackenen Lachsscheiben daraufsetzen. Mit frischen Kräutern bestreuen.

Vegetarische Speisen

Gefüllter Paprika auf Tomatensoße

Für 4 Personen

gelbe Paprika	4
Couscous oder Gerstel, gekocht	200 g
Emmentaler, gerieben	100 g
Tofu, klein gewürfelt	100 g
Jungzwiebeln, fein geschnitten	100 g
Champignons, fein geschnitten	100 g
Karotte, geschält und ganz klein gewürfelt	1
Salz, Pfeffer, Knoblauch	
Kräuter nach Geschmack	
Für die Tomatensoße:	
große Fleischtomaten, enthäutet und grob geschnitten	5
große Zwiebel	1
Salz, Pfeffer, Knoblauch	
Olivenöl	

Zubereitung

Die Paprika an der Oberseite vom Stiel befreien und den Deckel als Dekoration aufheben. Champignons mit den Jungzwiebeln kurz anrösten und etwas abkühlen lassen. Nun die restlichen Zutaten dazumischen und in den Paprika stopfen. Mit geriebenem Käse bestreuen und den Deckel daraufsetzen.

Für die Tomatensoße die Zwiebel fein schneiden und in Olivenöl anrösten. Die enthäuteten und geschnittenen Tomaten mit den Gewürzen dazugeben und leicht köcheln lassen. Nach etwa 20 Minuten die Soße pürieren und, wenn notwendig, noch mit Kräutern nachwürzen.

Die Tomatensoße in eine feuerfeste Form gießen und die Paprika hineinsetzen. Bei 180° C ca. 40 Minuten braten.

Auf Tellern zuerst die Soße anrichten und danach den Paprika daraufsetzen.

Tipp: *Ist die Zeit zu kurz, dann verwenden Sie ruhig geschälte Tomaten aus der Dose.*

Als Beilage empfehle ich Petersilerdäpfel und Blattsalat.

Kürbis-Krautfleckerln

Für 4 Personen

Krautkopf	*1*
mittlere Zwiebeln	*2*
Kristallzucker	*1 EL*
Hokkaido-Kürbis	*1*
Jungzwiebeln nach Belieben	
Weißwein	*1/4 l*
Apfelessig	*1/16 l*
Salz, Pfeffer, Kümmel	
Für die Fleckerln:	
Mehl	*200 g*
Hartweizengrieß	*50 g*
Ei	*1*
Dotter	*1*
Salz, Olivenöl	

Zubereitung

Für die Fleckerln alle Zutaten zusammenrühren und so lange kneten, bis ein geschmeidiger Teig entsteht. Zugedeckt 30 Minuten rasten lassen. Einen Topf mit gesalzenem Wasser aufstellen und zum Kochen bringen. Die Arbeitsfäche bemehlen und den Teig so dünn wie möglich ausrollen. Nun Fleckerln aus dem Teig schneiden und in das kochende Wasser geben. Die Länge der Kochzeit hängt von der Stärke der Fleckerln ab. Einfach eines herausnehmen und kosten. Wenn die Fleckerln weich genug sind, abseihen und mit kaltem Wasser abschrecken.

Das Kraut und die Zwiebeln fein nudelig schneiden. In Pflanzenöl die Zwiebeln glasig anrösten. Den Zucker beigeben und kurz mitrösten. Mit Wein und Essig ablöschen. Kraut und die Gewürze zugeben. Unter mehrmaligem Rühren (verhindert das Anbrennen) das Kraut knackig dünsten.

Den Kürbis ebenfalls fein schneiden und zu dem schon knackig gedünsteten Kraut geben.

Jetzt die Fleckerln, das Kürbiskraut und die Jungzwiebeln zusammenmischen und kurz durchrösten. Möchte man die Kürbis-Krautfleckerln pikanter haben, so gibt man einfach gerösteten Speck obenauf.

Als Beilage empfehle ich einen Blattsalat.

Gerstel-Tomatenrisotto mit Basilikumschaum und Tofuspieß

Für 4 Personen

Gerstel	*200 g*
Zwiebel	*1*
Tomaten, geschält und geschnitten	*5*
Salz, Pfeffer	
Für den Basilikumschaum:	
Basilikum	
Schlagobers	*1/8 l*
Für den Tofuspieß:	
Tofu	*200 g*
gelber Paprika, Zucchini und Champignons	
Salz, Pfeffer, Olivenöl	

Zubereitung

Gerstel kochen und abseihen. In der Zwischenzeit die Zwiebel fein schneiden und in Olivenöl anrösten. Die Tomaten mit den Gewürzen zugeben und 10 Minuten kochen lassen. Die Gerste hinzufügen und nochmals 5 Minuten kochen lassen.

Den Tofu und das Gemüse in gleich große Würfel schneiden. Abwechselnd auf kleine Spieße stecken und würzen. Auf allen Seiten anbraten. Das Basilikum mit dem Schlagobers pürieren. Das Gerstelrisotto mit dem Spieß auf Tellern anrichten und den Basilikumschaum darübergießen. Mit Parmesan vollenden.

Steinpilzravioli mit Jungzwiebelcreme

Für 4 Personen

Für die Fülle:	
Steinpilze, klein geschnitten	***400 g***
kleine Zwiebel, sehr fein gewürfelt	***1***
Frischkäse	***100 g***
Scheiben Toastbrot	***2***
Petersilie, fein gehackt	
Salz, Pfeffer	
Für die Creme:	
Schlagobers, mit etwas Milch vermischt	***250 ml***
Jungzwiebeln, fein geschnitten	***1 Bund***
Salz, Pfeffer	

Zubereitung

Nudelteig bereiten wie auf Seite 73 beschrieben.

Ein Drittel der fein geschnittenen Steinpilze mit der Zwiebel glasig andünsten. Das Toastbrot entrinden und im Cutter fein mahlen. Alle Zutaten miteinander vermischen und im Kühlschrank eine halbe Stunde ziehen lassen.

Den Nudelteig auf einer bemehlten großen Arbeitsfläche ca. 2 mm dick ausrollen. Auf die Hälfte des Teiges mit einem kleinen Löffel in Abständen von 5 cm kleine Häufchen der Steinpilzfülle setzen. Die andere Hälfte des Teiges darüberlegen und mit dem Finger vorsichtig um die Fülle herum festdrücken. Am besten mit einem Teigroller Vierecke ausschneiden und nochmals die Ränder etwas festdrücken. In reichlich kochendem Wasser schwach köcheln lassen. Kommen die Ravioli an die Wasseroberfläche, dann sind sie für mich fertig. Möchten Sie die Ravioli etwas weicher, dann lassen Sie sie etwa zwei Minuten länger kochen.

Für die Creme die restlichen Steinpilze dünsten und mit dem Obersgemisch aufgießen. Etwas einkochen lassen und die Jungzwiebeln mit den Gewürzen beimengen. Weitere 5 Minuten kochen lassen. Mit einem Sieb die Ravioli vorsichtig aus dem Wasser heben und sofort mit der Steinpilzcreme vermischen. Auf Tellern anrichten und mit Parmesan bestreuen.

Mit Blattsalat servieren.

Tipp: *Bereiten Sie die Ravioli doch einmal mit Erdäpfelteig zu. Sie sind dann zwar etwas deftiger, schmecken aber hervorragend.*

Eierschwammerl-Gulasch mit Paprikarahm und Semmelsoufflé

Für 4 Personen

kleine Eierschwammerl	*1 kg*
Zwiebeln, fein geschnitten	*400 g*
Knoblauch	*2 Zehen*
edelsüßer Paprika, Salz, Pfeffer, Majoran, Gemüsebrühe	
etwas Mehl zum Stauben	
Für den Paprikarahm:	
Sauerrahm	*1/4 l*
roter, gelber und grüner Paprika	*je 1*
Für das Semmelsoufflé:	
Semmelwürfel	*300 g*
kleine Zwiebel, gehackt	*1*
Öl	
Milch, erwärmt	*1/4 l*
Dotter	*4*
Eiklar	*4*
Salz	

Zubereitung

Für die Semmelsoufflés die gehackten Zwiebeln in Öl anrösten und zu den Semmelwürfeln geben. Die lauwarme Milch darüberleeren und etwas einweichen lassen. Salzen und alles gut miteinander vermischen. Sollte die Masse zu weich sein, gibt man noch Brösel dazu. Ist die Masse zu fest, gießt man noch etwas Milch darüber. Diese Masse rasten lassen. Die Eiklar aufschlagen und mit den Dottern zu der Semmelmasse mischen. In gebutterte, hitzebeständige Förmchen setzen und im Wasserbad bei 160° C ca. 30 Minuten backen. Vorsichtig aus den Förmchen holen und sofort servieren.

Die Eierschwammerl gründlich waschen, aber nicht einweichen. Große Stücke durchschneiden. Die fein geschnittenen Zwiebeln in Öl goldbraun anrösten und danach die Schwammerl mitgaren. Das entstandene Wasser verdunsten lassen und mit dem Mehl stauben. Gut durchrösten, paprizieren und mit der Gemüsebrühe aufgießen. Gewürze zugeben und alles nochmals einkochen lassen.

Für den Paprikarahm den Sauerrahm mit dem fein geschnittenen Paprika vermischen.

Das Gulasch in einem tiefen Teller anrichten und das Semmelsoufflé daraufsetzen. Den Paprikarahm dazu reichen.

Erdäpfel-Schafkäse-Laibchen auf mariniertem, geröstetem Gemüse

Für 4 Personen

mehlige Erdäpfel, gekocht	***400 g***
Jungzwiebeln, fein geschnitten	***1 Bund***
Schafkäse	***400 g***
Eier	***2***
Salz, Pfeffer, Oregano	
Für das Gemüse:	
gelber, roter Paprika	***je 1***
Zucchini	***2***
Karotten, geschält und gekocht	***2***
Champignons	***200 g***
Lauch	***1 Stange***
Zwiebel, grob geschnitten	***1***
Knoblauchzehen, geschält und blättrig geschnitten	***5***
Balsamicoessig, weiß	***1/8 l***
Olivenöl	***1/8 l***
Tomatenmark	***2 EL***

Zubereitung

Die Erdäpfel grob reiben und mit dem zerbröckelten Schafkäse, den Jungzwiebeln, den Eiern und den Gewürzen vermischen. Rasten lassen. In der Zwischenzeit das Gemüse in 1 cm große Würfel schneiden und in Olivenöl alles, bis auf den Lauch, zusammen anrösten. Diesen erst zum Schluss dazugeben, da er sehr leicht anbrennt. Alles würzen und mit dem Balsamicoessig ablöschen. Das Tomatenmark zufügen und ca. 10 Minuten kochen lassen. Sollte zu wenig Flüssigkeit vorhanden sein, gießen Sie noch 1/8 l Weißwein dazu.

Aus der Erdäpfel-Schafkäse-Masse kleine Laibchen formen und in Olivenöl langsam knusprig braten.

Das Gemüse mit den Laibchen auf weißen Tellern anrichten und mit frischem Basilikum garnieren.

Steirisches Chili mit Käferbohnen und geräuchertem Tofu

Für 4 Personen

Gerstel	***500 g***
Zwiebeln	***3***
Fleischtomaten, geschält und gewürfelt	***1 kg***
großer, grüner Paprika	***1***
Käferbohnen	***300 g***
evtl. Mais	
geräucherter Tofu	***300 g***
Salz, Pfeffer, Knoblauch	
Chili nach Belieben, fein geschnitten	

Zubereitung

Die Käferbohnen und das Gerstel weich kochen. Die Zwiebeln schälen und schneiden – sie können ruhig etwas gröber geschnitten sein. Danach in etwas Öl anrösten und die geschälten, gewürfelten Tomaten dazugeben. Käferbohnen, Gerstel, Paprika und die Gewürze beigeben und nochmals 10 Minuten einkochen lassen. Vorsicht mit den Chilischoten! Es kann sehr, sehr scharf werden. Den Tofu schneiden und unter das fertige Chili mischen.

Tipp: *Sollten Sie einmal zu viel Chili erwischt haben, dann bitte kein Wasser, sondern Milch nachtrinken. Isst man zu Mittag bei 30° C Hitze ein feuriges Chili, erscheint einem der Tag dann nicht mehr so heiß.*

Am liebsten esse ich Baguette dazu.

Fisch

Butterfisch mit Tomatenbruschetta

Für 4 Personen	
Filets vom Butterfisch	*4*
Olivenöl	
Zitrone (Saft davon)	*1*
Zweig Rosmarin	*1*
Oliven, in Scheiben geschnitten	*10*
Für die Bruschetta:	
Weißbrot	***8 Scheiben***
Knoblauch, gehackt und mit etwas Olivenöl vermischt	
Fleischtomaten	*4*
Basilikum, fein geschnitten	
Salz, Pfeffer	

Zubereitung

Wasser in einem Topf zum Kochen bringen. Die Tomaten an der Unterseite einritzen und für ca. zwei Minuten in das kochende Wasser legen. Herausnehmen und auskühlen lassen. Danach den Tomaten die Haut abziehen und vierteln. Jetzt kann man die Tomaten besser von den Kernen befreien. Das übrig gebliebene Fleisch ganz klein schneiden und mit den Gewürzen vermischen. Ich lasse diese Masse immer 2–3 Stunden ziehen, damit sich das Aroma der einzelnen Zutaten schön miteinander verbinden kann. Diese Masse kann man auch sehr gut vorbereiten, da sie sich im Kühlschrank einige Tage hält. In der Zwischenzeit die Brotscheiben auf beiden Seiten anrösten und dann die Fischfilets beidseitig je 5 Minuten braten. Erst während des Bratens würzen. Die Olivenscheiben mitbraten lassen. Zum Schluss Zitronensaft und den Rosmarinzweig zugeben und den Fisch kurz auf beiden Seiten in der Soße ziehen lassen. Butterfisch hat dieselbe Konsistenz wie Thunfisch, deshalb bitte nie zu lange braten lassen, da er sonst zu trocken wird.
Die Filets auf Tellern anrichten und die Oliven-Zitronensoße darübergießen. Auf das noch warme Gebäck die Tomatenmasse streichen und gleich servieren.

Dazu passt ein bunt gemischter Blattsalat. Ein herrliches Gericht an sehr warmen Tagen!

Lachsstrudel mit Käsesoße

Für 4 Personen	
Blätterteig	***1***
Lachsfilet	***600 g***
Spinat, blanchiert, gehackt	***100 g***
Erdäpfel, gekocht und fein gerieben	***100 g***
Champignons, fein geschnitten und gedünstet	***100 g***
Lauch, in feine Ringe geschnitten	***100 g***
Salz, Pfeffer	
Für die Käsesoße:	
Kaffeeobers	***1/4 l***
Gouda, in Scheiben geschnitten	***100 g***
Salz, Pfeffer	

Zubereitung

Den Spinat mit den Erdäpfeln, den Champignons, dem Lauch und den Gewürzen vermischen. Die Gemüsemasse 1 cm dick auf den Blätterteig auftragen. In die Mitte die Lachsfilets setzen und den Teig vorsichtig zusammenrollen. Um ein Auslaufen zu vermeiden, die Enden des Strudels einschlagen. Mit Ei bestreichen und auf ein gefettetes Blech legen. Im vorgehetzten Rohr bei 180° C ca. 40 Minuten backen.

Für die Käsesoße das Obers aufkochen lassen. Den Käse und die Gewürze zugeben und alles leicht köcheln lassen. Aufs Umrühren nicht vergessen!

Als Beilage empfehle ich: Petersilerdäpfel, diverse Salate.

Wallerfilet in Limettenbutter gebraten auf Erdäpfelgröstel

Für 4 Personen

Wallerfilets	500 g
Limetten	2
Butter	100 g
Salz, Pfeffer	
Erdäpfel, geschält	200 g
Zwiebel	1
Champignons, in Scheiben geschnitten	200 g
Karotten, gekocht, in Scheiben geschnitten	200 g
Zucchini, in Würfel geschnitten	200 g
Salz, Pfeffer, gehackte Petersilie	
Limette, in Scheiben geschnitten	1

Zubereitung

Die geschälten Erdäpfel in nicht zu dünne Scheiben schneiden und in Olivenöl auf beiden Seiten langsam braten. Zwiebel, Zucchini und Champignons zu den fast fertig gebratenen Erdäpfeln geben. Kurz mitrösten, danach die Karottenscheiben zugeben und nochmals alles zusammen schön knusprig braten. In der Zwischenzeit den Waller (Wels) in 2 cm dicke Streifen schneiden, salzen und pfeffern und in der Butter auf beiden Seiten je 5 Minuten braten.
Den Saft der Limetten auspressen und auf die Fischstreifen gießen. Die Hitze reduzieren und die Fischstreifen auf beiden Seiten in der Limettenbutter ziehen lassen. Nun vorsichtig alle Zutaten miteinander vermischen.

Das Gröstel auf Tellern anrichten. Mit den Limettenscheiben und der gehackten Petersilie garnieren.

Ein bunter Blattsalat mit Joghurtdressing ist mir am liebsten dazu.

Schollenfilet in der Cornflakes-Panade

Für 4 Personen	
Schollenfilets à 150 g	*4*
Cornflakes, zerbröselt	
Mehl	
Eier	*2*
Milch	
Salz	
Öl zum Ausbacken	

Zubereitung

Die Filets waschen und trocken tupfen. Zum Panieren zuerst in das Mehl tauchen, dann in die Eier und danach in die Cornflakes. In eine Pfanne 1 cm hoch Öl füllen und nicht zu hoch erhitzen. Die Filets einlegen und langsam ausbacken. Auf Küchenpapier abtropfen lassen und mit Zitrone anrichten.

Als Beilage empfehle ich einen bunt gemischten Salat.

Zanderfilet in der Erdäpfelkruste auf Obers-Mangold-Creme

Für 4 Personen	
schöne Zanderfilets à 150 g	*4*
große mehlige Erdäpfel	*2*
Ei, mit etwas Mich versprudelt	*1*
etwas Mehl	
Salz, Pfeffer, Zitrone	
Mangold, in Streifen geschnitten	***200 g***
Obers	*1/4 l*

Zubereitung

Den Mangold von den dicken Stielen befreien und in kochendem Wasser kurz blanchieren. Mit Eiswasser abschrecken und grob schneiden. Die Zanderfilets säubern und mit Zitrone, Salz und Pfeffer würzen. Das Mehl und das Eigemisch vorbereiten. Die Erdäpfel schälen und grob raspeln. Das überschüssige Wasser ausdrücken. Sie müssen jetzt sehr flott arbeiten, da die Erdäpfel sonst zu schnell braun werden. Am besten reiben Sie nicht alle Erdäpfel auf einmal. Die Fischfilets zuerst in das Mehl und dann in das Ei tauchen. Abtropfen lassen und nun in die geriebenen Erdäpfel tauchen. Fest anpressen und in nicht zu heißem Fett langsam braten. Nach ca. 7 Minuten vorsichtig wenden und weitere 7 Minuten braten. Die fertigen Filets aus der Pfanne heben und warm stellen. In der Zwischenzeit das Obers ein bisschen einkochen lassen und den Mangold dazugeben. Nach Geschmack würzen. In der Mitte der Teller anrichten und die Fischfilets obenauf legen. Mit Zitrone garnieren.

Um eine Braunfärbung zu vermeiden, können Sie die Erdäpfel mit Schwefelstreifen bearbeiten. Einfach die Erdäpfel schälen und in ein feuerfestes Geschirr legen. Mit Alufolie abdecken. Nun einen 2 cm langen Schwefelstreifen anzünden und rasch auf die Folie legen. Sofort mit einem Deckel verschließen und einige Minuten nicht aufmachen. Achtung, es kann zu einer leichten Rauchentwicklung kommen, aber BITTE nicht einatmen. Die Schwefelstreifen bekommt man in Drogerie oder Apotheke.

Fleisch

Fleischlaberl-Cordon-bleu mit Erdäpfelpüree

Für 4 Personen

Faschiertes, gemischt	*600 g*
Zwiebeln, fein geschnitten	*2*
Knoblauch	
Eier	*2*
Semmelbrösel	*3 EL*
Salz, Pfeffer, Majoran	
Zum Füllen:	
Scheiben Pressschinken	*4*
Scheiben Emmentaler	*4*
Mehl, Eier und Brösel zum Panieren	
Öl zum Ausbacken	
Für das Püree:	
mehlige Erdäpfel	*500 g*
Butter	*2 EL*
Salz	
Milch (warm)	

Zubereitung

Die Zwiebeln anrösten und abgekühlt zum Faschierten geben. Mit den anderen Zutaten gut vermischen und im Kühlschrank 30 Minuten rasten lassen. Aus dem Schinken und dem Käse Röllchen formen, wobei der Schinken außen sein muss, damit der Käse nicht ausläuft.

Aus der Fleischmasse vier Laibchen formen und die Schinken-Käse-Röllchen in die Mitte einarbeiten. An den Rändern gut verschließen. Nun in Mehl, Ei und Bröseln wenden und langsam in reichlich Öl ausbacken.

Für das Püree die Erdäpfel schälen und vierteln. In reichlich Salzwasser weich kochen. Das Wasser abgießen und die Butter zugeben. Dann die Erdäpfel zu einem feinen Püree stampfen. Je weniger Erdäpfelkrümel im Püree sind, umso lieber haben es die Kinder! Nun mit einem Schneebesen die warme Milch kräftig einarbeiten. Bitte nur so viel Milch zugießen, so dick Sie das Püree möchten. Es sollte nicht zu flüssig sein.

Dazu empfehle ich knusprige Zwiebelringe und verschiedene Salate.

Alt-Wiener Matrosenfleisch

FÜR 4 PERSONEN

Schulterscherzel vom Rind	***600 g***
Schopf vom Schwein	***600 g***
Zwiebeln, grob geschnitten	***600 g***
Knoblauch, in Scheiben geschnitten	***1 Knolle***
Karotten, geschält und gewürfelt	***200 g***
Gelbe Rüben, geschält und gewürfelt	***200 g***
Zeller, geschält und gewürfelt	***200 g***
Fisolen nach Lust und Laune	
Senf (scharf)	***2 EL***
Rotwein und Rindsuppe	
Salz, Pfeffer, Majoran	

ZUBEREITUNG

Die Zwiebeln in Öl goldbraun anrösten. In der Zwischenzeit das Fleisch in 2 cm große Würfel schneiden und zu den noch nicht ganz fertig gebratenen Zwiebeln geben. Etwas mitbraten lassen und danach mit Rotwein ablöschen. Das Fleisch mit der Rindsuppe bedecken und ca. 90 Minuten kochen lassen. Knoblauch, Gewürze und Gemüse zugeben und nochmals 30 Minuten kochen lassen. Zum Schluss mit etwas Stärke binden.

Wer es pikanter mag, kann noch fein geschnittene Essiggurkerln und ein paar Kapernbeeren dazugeben.

BEILAGENEMPFEHLUNG:

Teigwaren, Serviettenknödel, Erdäpfelpüree

Gefülltes Maishenderl im Mostsafterl

Für 4 Personen

Maishenderlbrüste mit Haut, ohne Knochen	**4**
Eierschwammerl, fein geschnitten	**200 g**
Semmelbrösel	**100 g**
Jungzwiebeln nach Belieben, fein geschnitten	
Salz, Pfeffer	
Hühnersuppe	
Ei	**1**
Zwiebel, gehackt	**1**
Most	**1/4 l**
Schlagobers	**1/8 l**
Für die knusprigen Reiseckerln:	
Rundkornreis	**1 Becher**
Zwiebel	**1**
Wasser	**2 1/2 Becher**
Salz	
Eier	**2**
Parmesan	**100 g**
Emmentaler	**100 g**

Zubereitung

Die Hühnerfilets waschen und trocken tupfen. Eine Tasche hineinschneiden und leicht klopfen. Jungzwiebeln und Eierschwammerl anrösten. Abtropfen lassen und würzen. Ei und Semmelbrösel zugeben und alles fest miteinander vermischen. Nun in jedes Hühnerfilet Schwammerlmasse füllen und gut verschließen. Die Filets mit Salz und Pfeffer würzen und von allen Seiten anbraten. Herausheben und warm stellen. Danach die gehackte Zwiebel im Bratenrückstand anrösten und mit dem Most ablöschen. Die Filets hineinlegen und zugedeckt etwa 40 Minuten dünsten. Nicht vergessen: immer wieder mit Hühnersuppe aufgießen. Die Rouladen wieder herausnehmen und warm stellen. In den Saft das Schlagobers gießen und 10 Minuten einkochen lassen. Eventuell nachwürzen.

Als Beilage knusprige Reiseckerln:
Die Zwiebel glasig anrösten und den gewaschenen Reis dazugeben. Mit dem Wasser aufgießen und salzen. Den Reis weich kochen und etwas auskühlen lassen. Die Eier und den Käse untermischen und die Masse glatt auf ein gefettetes Blech streichen. Eckerln ausschneiden und in pflanzlichem Fett knusprig anbraten.

Die Reiseckerln eignen sich mit Salat auch hervorragend als Vorspeise!

Erdäpfel-Grammel-Buchteln

Dieses Gericht können Sie als Fingerfood reichen. Es schmeckt aber auch hervorragend als Hauptspeise mit Sauerkraut.

FÜR 4 PERSONEN	
Mehl (universal)	**250 g**
mehlige Erdäpfel, gekocht und fein passiert	**250 g**
Trockenhefe	**2 Pkg.**
Margarine (zimmerwarm)	**160 g**
Dotter	**2**
und Ei	**1**
warme Milch nach Bedarf	
Salz	
Für die Grammelfülle:	
Grammeln, gehackt	**500 g**
kleine Zwiebeln	**2**
Salz, Pfeffer, Majoran, Knoblauch	

ZUBEREITUNG

Alle Zutaten zusammenmischen und zum Schluss so viel Milch einkneten, dass ein fester Teig entsteht. Zugedeckt an einem warmen Ort gehen lassen. Der Teig wird geschmeidiger, wenn Sie ihn zweimal gehen lassen.

Die Zwiebeln glasig braten. Grammeln mit den Gewürzen kurz mitrösten. Auskühlen lassen und danach kleine Kugerl formen.

Den aufgegangenen Germteig ausrollen und 8 cm große Kreise ausstechen. Mit den Kugerln füllen und in die gebutterte Form setzen. Die Buchteln immer mit Butter bestreichen, damit sie nicht zusammenkleben. Im vorgeheizten Rohr bei 160° C ca. eine halbe Stunde backen.

TIPP: *Mit Sauerkraut oder Rahmkraut servieren.*

Hirschmedaillons auf Steinpilzcreme mit Schupfnudeln

Für 4 Personen

Hirschmedaillons, 2 cm dick geschnitten	***800 g***
Steinpilze, gewaschen und in Scheiben geschnitten	***400 g***
Schlagobers	***1/4 l***
Rotwein	***1/8 l***
Salz, Pfeffer, Wacholderbeeren	
Für die Schupfnudeln:	
mehlige Erdäpfel, gekocht und geschält	***500 g***
Dotter	***3***
Butter, geschmolzen	***2 EL***
Grieß	***80 g***
Mehl	***80 g***
Salz	

Zubereitung

Die ausgekühlten Erdäpfel durch die Presse drücken und mit den übrigen Zutaten gut durchkneten. Etwas rasten lassen und zwei Rollen formen. In Streifen schneiden und mit der Handfläche auf der – nicht bemehlten – Arbeitsfläche dicke Nudeln wuzeln. Einen Topf mit gesalzenem Wasser zustellen und zum Kochen bringen.
In der Zwischenzeit die Hirschmedaillons etwas flach drücken und in Butter auf beiden Seiten jeweils 5 Minuten anbraten. Herausheben und warm stellen. Im Bratenrückstand die Pilze anrösten und mit Rotwein ablöschen. Das Schlagobers dazugießen und würzen. 10 Minuten einkochen lassen.

Die Schupfnudeln in das kochende Wasser geben. Kommen die Nudeln an die Wasseroberfläche, sofort herausheben. In reichlich Butter kurz anrösten.

Mit Preiselbeeren oder Aroniabeeren servieren, das gibt dem Gericht eine herrlich säuerliche Note.

Faschierter Braten vom Kalb

FÜR 4 PERSONEN

Kalbsfaschiertes	***1 kg***
Zwiebeln, fein geschnitten	***2***
Semmeln vom Vortag, in kleine Würfel geschnitten	***2***
Eier	***2***
Salz, Pfeffer, Knoblauch	
Rosmarin, fein gehackt	
Kalbsknochen, gehackt	***1 kg***
Suppe zum Ablöschen	

ZUBEREITUNG

Die Zwiebeln in Pflanzenöl anrösten. Etwas auskühlen lassen und zum Faschierten geben. Die Semmelwürfel in Milch einweichen und gut ausdrücken. Alle Zutaten miteinander vermischen und im Kühlschrank etwas rasten lassen.
Eine schöne, feste Rolle formen und vorsichtig in einen Bratentopf heben. In einem anderen Topf die Knochen anbraten und mit Suppe ablöschen. Zum Braten geben und im Rohr ca. 45 Minuten garen. Den Braten nun auf eine Anrichteplatte auflegen, in Scheiben schneiden und warm stellen. Den Saft abgießen und mit Kartoffelstärke etwas einkochen, danach separat zum Braten reichen.

ALS BEILAGE:

Rosmarinerdäpfel, Cremepolenta und glasierte Karotten.

Kalbsroulade mit Fleischfülle und Gemüse

Für 4 Personen

Kalbsschnitzerl, dünn geklopft	4
Rotwein	1/4 l
Rindsuppe	1/2 l
Zwiebel, grob geschnitten	2
Karotten und Gelbe Rüben, gemischt und in kleine Würfel geschnitten	2+2
kleiner Zeller, fein gewürfelt	1
Für die Fülle:	
Kalbfaschiertes	400 g
Eier	2
Brösel	2 EL
Zwiebeln, fein gehackt	2
Knoblauchzehen, zerdrückt	2
Salz, Pfeffer, Rosmarin, fein gehackt	

Zubereitung

Für die Fleischfülle die fein gehackten Zwiebeln kurz in Öl anbraten. Alle Zutaten mit dem Faschierten gut vermischen. Die Masse zu zwei Dritteln auf die Schnitzerl streichen. Man kann noch Gemüsestreifen darauflegen. Einrollen und fest zusammenbinden. Die Rouladen in Butter anrösten und warm stellen. Danach die Zwiebeln mit den Karotten und dem Zeller anrösten und mit Rotwein ablöschen. Die Rouladen wieder einlegen und mit der Rindsuppe bedecken. Alles zusammen ca. eine Stunde kochen lassen. Wenn die Rouladen weich sind, herausheben und vom Bindfaden befreien. Den Saft einkochen lassen und wenn nötig mit Stärke etwas eindicken.

Beilagenempfehlung:

Reis, Teigwaren oder Cremepolenta

Lammkronen mit Schafkäse gefüllt in der Kürbiskernpanade

FÜR 4 PERSONEN	
Lammkronen	**12**
Schafkäse	**300 g**
Knoblauch, Pfeffer, Salz	
Mehl	
Eier	**2**
Brösel	
Kürbiskerne	**100-150 g**

ZUBEREITUNG

In die Lammkronen eine Tasche schneiden. Den Schafkäse mit Knoblauch und Pfeffer würzen und hineinfüllen. Die Öffnung mit einem Zahnstocher verschließen (bitte zum Schluss unbedingt wieder entfernen!) und salzen.

Kürbiskerne ganz fein hacken und mit den Bröseln vermischen. Die gefüllten Kronen in das Mehl, das Ei und zum Schluss in die Kürbiskern-Brösel tauchen und in Olivenöl ausbacken.

Als Beilage empfehle ich einen mit Balsamico marinierten gemischten Salat und Tsatsiki.

Für das Tsatsiki verwende ich Joghurt vom Schaf, geschälte, gerissene und gut ausgedrückte Gurken, Salz, Pfeffer, Zitronensaft und viel Knoblauch. ACHTUNG, es besteht die Gefahr, auf dem Sofa schlafen zu müssen!

Putenroulade im Zwiebelsafterl mit Eierschwammerl-Reis

Für 4 Personen	
Putenschnitzerl à 150 g, dünn geklopft	***4***
geräucherter Putenschinken	***8 Scheiben***
Karotten und Gelbe Rüben, in 5 mm breite Stifterl geschnitten	***2 + 2***
Lauch	***1 Stange***
Zwiebeln, grob geschnitten	***4***
Salz, Pfeffer, Knoblauch	
Für den Eierschwammerlreis:	
Langkornreis, gewaschen	***200 g***
Eierschwammerl, gründlich gewaschen	***200 g***
kleine Zwiebel, fein geschnitten	***1***
Salz	

Zubereitung

Die geklopften Putenschnitzerl mit dem Schinken belegen. Den Lauch der Länge nach aufschneiden, kurz in kochendem Wasser blanchieren und auf die Schnitzerl legen. Die gestiftelten Karotten und Gelben Rüben quer in Reih und Glied darauflegen. Die Schnitzerl zu Rouladen rollen und mit Bindfaden fixieren. Die Rouladen in einer geräumigen Pfanne von allen Seiten anbraten, herausnehmen und warm stellen. Die grob geschnittenen Zwiebeln im Bratenrückstand anrösten und mit Hühnersuppe aufgießen. Die Rouladen wieder einlegen und 30 Minuten zugedeckt kochen lassen.

In der Zwischenzeit den Eierschwammerl-Reis bereiten: Die Zwiebel glasig anbraten und danach die Eierschwammerl mitrösten. Ist das Wasser von den Schwammerln verdampft, den Reis zugeben und ebenfalls kurz mitrösten. Mit Wasser im Verhältnis 1:3 (1 Teil Reis, 3 Teile Wasser) aufgießen und zugedeckt 20 Minuten leicht köcheln lassen. Umrühren nicht vergessen! Sollte der Reis schon weich sein, aber das Wasser noch nicht verkocht, seihen Sie ihn einfach ab. Die fertigen Rouladen aus der Soße heben und vom Bindfaden befreien. Die Zwiebelsoße mit Stärke ein bisschen einkochen lassen. Auf Tellern die Soße anrichten und die halbierte Roulade daraufsetzen. Mit dem Reis vollenden.

Natürlich passen auch Erdäpfel und Salate als Beilage dazu.

Rehleber mit Kräutergnocchi

Für 4 Personen	
Rehleber	***600 g***
Schalotten, grob geschnitten	***200 g***
säuerlicher kleiner Apfel, geschält und in Streifen geschnitten	***1***
Mehl	***1 kl. EL***
Rotwein	***1/8 l***
Suppe	***1/4 l***
Salz, Pfeffer, Majoran	

Zubereitung

Für die Kräutergnocchi verwende ich immer den Schupfnudelteig (siehe Seite 105). Die frisch gehackten Kräuter wie Petersilie, Dille, Liebstöckel etc. einfach in den Teig einarbeiten. Danach kleine Nockerl formen und kurz kochen lassen.

Die Rehleber waschen und in 5 mm dicke Streifen schneiden. Die Schalotten anrösten und danach die Rehleber auf beiden Seiten anbraten. Mit dem Mehl stauben und nochmals kurz durchrösten. Mit dem Rotwein aufgießen und mit dem Apfel (den man aber auch weglassen kann) etwas einkochen lassen. Würzen und zum Schluss mit der Suppe aufgießen. Kurz aufkochen und danach die Leber noch etwas ziehen lassen.

ACHTUNG: Leber nie lange braten lassen, da sie sonst zu hart wird.

Tipp: *Bratäpfel mit Preiselbeeren geben dem Gericht noch das gewisse Etwas.*

Steirisches Ritschert mit geselchtem Ripperl

Ich hab den Duft noch in der Nase, wenn meine steirische Oma diesen Eintopf auf dem Holzofen ganz langsam gekocht hat. Wir Kinder mussten dann immer die Küche verlassen, da wir die Oma ständig mit der Frage quälten: Wann ist denn das Essen endlich fertig? „Des Ritschert braucht hoit sei Zeitl ..." (auf Steirisch ausgedrückt) war dann immer die Antwort der Oma.

Für 4 Personen	
Selchripperl	***1,20 kg***
Gerstel, über Nacht in Wasser eingeweicht	***250 g***
weiße Bohnen, ebenfalls in Wasser eingeweicht	***200 g***
Zwiebeln, grob geschnitten	***3***
Karotten und	***150 g***
Zeller, in Würfel geschnitten	***100 g***
Rindsuppe	***etwa 2 l***
Salz, Pfeffer, Lorbeerblätter, Liebstöckel	

Zubereitung

Die Zwiebeln anrösten und mit der Suppe aufgießen. Die Ripperl dazugeben und 45 Minuten kochen lassen. Dann alle weiteren Zutaten mit den Gewürzen beigeben und weitere 30 Minuten kochen lassen. Wenn nötig, immer wieder Wasser nachgießen, da die Zutaten sehr viel Flüssigkeit aufsaugen. Fertig ist der Eintopf, wenn alle Zutaten weich sind. Zum Schluss mit Kresse bestreuen.

Am besten im Topf auf dem Tisch servieren und jeder nimmt sich, so viel er möchte. In den kalten Monaten reichen Sie Schwarzbrot dazu.

Mehlspeisen

Mamas Anisbögen

Ich kenne niemanden, der bessere Anisbögen macht als meine Mama. Falls es doch welche gibt, würde ich sie sehr gerne kosten. Aber ich denke, es ist halt auch Geschmackssache. Sogar nach Mexiko zu meiner Cousine mussten die Anisbögen schon geliefert werden, da sie sich ein Weihnachten ohne dieses Gebäck nicht vorstellen konnte und wollte. Ich habe diese Kekse schon unzählige Male (nach demselben Rezept) ausprobiert, aber nie so toll hingekriegt wie meine Mama.

Dotter	*3*
Eiklar	*3*
Kristallzucker	*150 g*
Vanillezucker	
glattes Mehl	*100 g*
Anis	

Zubereitung

Die Eiklar mit dem Zucker sehr steif schlagen. Vorsichtig die Dotter und das Mehl unterheben. Ein Blech mit Backpapier auslegen und ca. 2 cm große Tupfen aufspritzen.

Auf jeden Tupfen etwas Anis streuen und im vorgeheizten Rohr bei 180° C ca. 8 Minuten backen.

Kekse dem Rohr nehmen und sofort über einen Kochlöffel biegen, damit sie eine gebogene Form erhalten.

Wer keinen Anis mag, kann ihn auch durch andere Gewürze ersetzen.

Antares-Gugelhupf

Eiklar	**5**
Dotter	**5**
Kristallzucker	**100 g**
Staubzucker	**130 g**
glattes Mehl	**200 g**
Antares (Rotwein)	**3/16 l**
Kochschokolade	**100 g**
Kochschokolade, gehackt	**50 g**
Walnüsse, gerieben	**100 g**
Butter	**200 g**
Vanillezucker, Backpulver, etwas Zimt	

Zubereitung

Die Kochschokolade schmelzen und etwas abkühlen lassen. Die Eiklar mit dem Kristallzucker steif schlagen. Die Butter mit Staubzucker und Vanillezucker cremig rühren und danach die Dotter einzeln unterrühren. Die geschmolzene und die gehackte Kochschokolade zugeben und den Rotwein vorsichtig einrühren. Das Mehl mit den Walnüssen, dem Zimt und dem Backpulver vermischen. Die trockene Mischung und die Buttermasse sehr vorsichtig unter das Eiklar heben. Eine Gugelhupfform ausbuttern und bemehlen. Die Masse in der Form schön verteilen und im Rohr bei Umluft und 160° C 60 Minuten backen. Den Gugelhupf unbedingt in der Form und im Rohr bei offener Tür auskühlen lassen.

Dieser Gugelhupf ist sehr empfindlich und braucht Streicheleinheiten und viel Liebe bei der Zubereitung. Glauben Sie mir, ich habe diesen Gugelhupf sehr oft ausprobieren müssen, bis ich ihn endlich so flaumig hinbekommen habe. Jetzt ist auch mein Mann begeistert von ihm. Wird er doch mit seinem ganzen Stolz, dem Antares, zubereitet.

Leichte Erdbeer-Biskotten-Torte

Diese Torte hat mir meine Tochter zum Muttertag gemacht und ich muss sagen: „Hut ab!" Sie hat einfach super erfrischend geschmeckt.

Für den Biskuitboden:	
Eiklar	2
Dotter	2
Kristallzucker	70 g
Vanillezucker	
Mehl (glatt)	50 g
Für die Erdbeermasse:	
Biskotten	40
Sauerrahm	1/4 l
Schlagobers	1/4 l
Vanillejoghurt	1/4 l
Erdbeeren, püriert	250 g
Staubzucker	100 g
Gelatine	6 Blatt
Erdbeerlikör	2 cl

Zubereitung

Die Eiklar mit dem Zucker zu festem Schnee schlagen. Danach die Dotter und das Mehl vorsichtig unterheben. In einer Tortenform bei 180° C ca. 15 Minuten backen. Auskühlen lassen.

Das Schlagobers steif schlagen und die Gelatine in kaltem Wasser einweichen. Rahm, Joghurt und Zucker zusammenrühren. Die gut ausgedrückte Gelatine mit dem Likör erwärmen und zu den pürierten Erdbeeren mischen. Die Rahmmasse mit den Erdbeeren vermengen und zum Schluss das geschlagene Obers unterheben.

Den Biskuitboden in der Tortenform lassen und mit Erdbeermarmelade bestreichen. Abwechselnd Erdbeercreme und Biskotten auf den Boden schichten, bis die Creme aufgebraucht ist. Zudecken und im Kühlschrank über Nacht ziehen lassen. Am nächsten Tag die Torte vorsichtig aus der Form heben und mit Schlagobersrosetten und schönen Erdbeeren dekorieren. Wer mag, kann die Torte auch ganz mit dem Obers bestreichen und dann verzieren.

Wer die kalorienarme Variante wählt, lässt das Schlagobers weg.

Marillen-Tiramisu (ohne Eier)

Mascarpone	**500 g**
Schlagobers	**1/4 l**
Staubzucker	**150 g**
Vanillezucker	
Biskotten	**40**
Marillen, entkernt und klein geschnitten	**500 g**
Kristallzucker	**100 g**
Marillenlikör mit etwas Milch vermischt, zum Tunken	

Zubereitung

Die Marillen mit dem Zucker weich dünsten und danach etwas pürieren. Das Schlagobers steif schlagen. Mascarpone mit Zucker und Vanillezucker cremig rühren und danach mit dem Schlagobers vorsichtig vermischen.

In eine Form von ca. 30 cm Länge die in das Milch-Likör-Gemisch getunkten Biskotten schlichten. Darauf eine Schicht von der Mascarponecreme streichen. Noch eine Schicht getunkte Biskotten auflegen und mit einer Cremeschicht abschließen. Mit dem ausgekühlten Marillenpüree bestreichen und das Tiramisu über Nacht ziehen lassen.

Ribisel-Schaumkuchen

... von der Zahel-Oma auch „Ehestandskuchen" genannt. Als ich die Oma einmal fragte, warum der Kuchen diesen Namen trägt, kam eine kurze Antwort: So wie der Kuchen ist auch die Ehe: süß-sauer.

Butter	*100 g*
Staubzucker mit Vanillezucker vermischt	*200 g*
Mehl (glatt) mit Backpulver vermischt	*300 g*
etwas Milch	
Dotter	*3*
Eiklar	*3*
Kristallzucker	*200 g*
Ribiseln	*500 g*

Zubereitung

Die Butter mit dem Staubzucker schaumig rühren und nach und nach die Dotter und die Milch einrühren. Auf ein gebuttertes und bemehltes Backblech streichen und die Ribiseln obenauf verteilen. 25 Minuten bei 180° C backen. In der Zwischenzeit die Eiklar aufschlagen und langsam den Zucker einrieseln lassen. So lange weiter rühren, bis ein fester Schnee entstanden ist. Die Schneemasse auf den fast fertig gebackenen Teig streichen. Der Kuchen ist fertig, wenn der Schnee eine leichte Bräunung angenommen hat.

Natürlich können Sie die Ribiseln auch mit dem Schnee vermengen und danach auf den fast fertig gebackenen Teig streichen.

Maroni-Charlottentorte

Für die Biskuitroulade:

Dotter	*4*
Eiklar	*4*
Kristallzucker	*140 g*
Vanillezucker	
Mehl (glatt)	*100 g*
Marillenmarmelade zum Bestreichen	

Für die Pariser Creme:

Schlagobers	*200 ml*
Kochschokolade	*150 g*

Für die Maronicreme:

Maronipüree	*500 g*
Schlagobers	*400 ml*
Staubzucker	*100 g*
Vanillezucker	
Rum	*2 cl*
Gelatine	*4 Blatt*

Zubereitung

Die Eiklar steif schlagen und dabei langsam den Zucker einrieseln lassen. Danach vorsichtig die Dotter unterrühren und zum Schluss das Mehl unterheben. Den Teig glatt auf ein mit Backpapier ausgelegtes Backblech streichen und bei 180° C ca. 20 Minuten backen. Nicht zu lange im Rohr lassen, da der Teig sonst zu trocken wird. Er reißt dann auf und man kann keine schöne Roulade mehr formen. Den fertig gebackenen Teig in ein Geschirrtuch wickeln und etwas abkühlen lassen. Danach vorsichtig ausrollen, mit Marmelade bestreichen und wieder fest einrollen.

Das Obers aufkochen und die zerbröckelte Schokolade zugeben. Mit dem Schneebesen rühren, bis eine glatte Masse entstanden ist. Im Kühlschrank auskühlen lassen. Mehrmals umrühren, damit sich die Temperatur gleichmäßig verteilen kann.

Die Gelatine in kaltem Wasser einweichen, ausdrücken und in warmem Rum auflösen. Das Obers aufschlagen. Maronipüree mit dem Zucker und dem Vanillezucker glatt rühren und zum Schluss die aufgelöste Gelatine einrühren. Zum Schluss vorsichtig das Schlagobers unterheben.

Die Biskuitroulade in 1 cm dicke Scheiben schneiden. Eine runde Form mit Klarsichtfolie auskleiden und den Rand mit Rouladenscheiben belegen. Ein paar Scheiben für den Boden aufheben. Die Maronicreme daraufstreichen und im Kühlschrank etwas stocken lassen. Danach die Pariser Creme einfüllen und mit den restlichen Rouladenscheiben abschließen. Zugedeckt über Nacht im Kühlschrank ziehen lassen. Auf einen Tortenteller stürzen und die Folie abziehen.

Diese Torte ist etwas aufwendig, aber die Mühe zahlt sich aus.

Buchteln mit Nussfüllung und Vanille-Apfelragout

Mehl (griffig)	***200 g***
Milch	***1/16 l***
Staubzucker	***40 g***
Butter	***10 g***
Dotter	***2***
Salz	
Zitronenschale	
Trockengerm	***1 Pkg.***
Für die Nussfülle:	
Walnüsse, gemahlen	***200 g***
Honig	***3 EL***
Milch	
Vanillezucker, Zitronenschale	
Für das Vanille-Apfelragout:	
säuerliche Äpfel	***1 kg***
Zitrone	***1***
Apfelsaft	***1/4 l***
Wasser	***1/4 l***
Zucker	***100 g***
Vanilleschoten	***2***
Zimt	

Zubereitung

Das Mehl mit dem Zucker, dem Germ und den Gewürzen in eine Schüssel füllen. Die Milch mit der Butter nicht zu heiß erwärmen. Milch, Butter und Dotter zum Mehl geben und mit dem Knethaken so lange rühren, bis sich der Teig von der Schüssel löst. Natürlich kann man den Teig auch mit dem Kochlöffel schlagen. Meine Oma hat immer gesagt: „Nur die faulen Leute verwenden einen Mixer und außerdem wird der Teig viel geschmeidiger, wenn man ihn schlägt." Sie hat sich nämlich die Schüssel mit dem Germteig immer auf die Oberschenkel gesetzt und diese Wärmezufuhr hat dem Germteig sicher sehr gut getan. Das ist meine Meinung. Den Teig jetzt an einem warmen Ort zugedeckt aufgehen lassen. Wenn Sie den Teig ein zweites Mal kommen lassen, wird er noch feinporiger.

In der Zwischenzeit die Nüsse trocken rösten und mit so viel Milch aufgießen, dass eine dickliche Masse entsteht. Mit Honig, Zitronenschale und Vanillezucker würzen und auskühlen lassen. Kleine Kugerln formen. Den Germteig 1 cm dick ausrollen und Kreise ausstechen. Die Nusskugerln daraufsetzen und den Germteig dann verschließen. In eine gebutterte Form schlichten und jede einzelne Buchtel mit viel Butter bestreichen. Bei 160° C ca. 30 min backen.

Den Apfelsaft mit dem Wasser und dem Zucker aufkochen. Die Vanilleschote aufschneiden und einige Zeit in der Flüssigkeit ziehen lassen. Danach das Mark auskratzen und dem Apfelsaft beifügen. In der Zwischenzeit die Äpfel schälen und in 1 cm große Würfel schneiden. Apfelwürfel mit dem Zitronensaft begießen und zur Flüssigkeit geben. Mit Zimt würzen, aber nicht zu viel, da sonst der Vanillegeschmack untergeht.

Stricknadeltorte

Dieses Rezept stammt von meiner Tante Trude aus der Steiermark, die eine begnadete Mehlspeisköchin ist.

Eiklar	***6***
Dotter	***6***
Feinkristallzucker	***120 g***
Staubzucker	***120 g***
Vanillezucker	
Butter	***250 g***
Mehl (glatt)	***250 g***
Backpulver	
Eierlikör	***1/16 l***
Kaffee	***1/8 l***
mit Kakao	***2 EL***
und etwas Rum vermischt	
Creme:	
Vanillepudding, gekocht	***1/2 l***
Gelatine	***3 Blatt***
Eierlikör	
Schlagobers	***1/2 l***

Zubereitung

Eiklar mit dem Kristallzucker steif schlagen. Butter mit Staubzucker, Vanillezucker, Dottern und Eierlikör cremig rühren. Das Mehl und die Buttermasse zum Eiklar geben und vorsichtig unterheben. Die Masse in eine bemehlte Tortenform gießen und ca. eine halbe Stunde bei 160–180° C backen.

Etwas abkühlen lassen und mit einer dicken Stricknadel grobe Löcher stechen. Das Kakaogemisch langsam darüberträufeln.

Gelatine in kaltem Wasser einweichen, ausdrücken und mit ein bisschen Eierlikör erwärmen. In den gekochten Pudding rühren und etwas auskühlen lassen. Schlagobers steif schlagen und mit der Puddingmasse vermischen. Die Torte damit bestreichen und auf den Rand Rosetten spritzen. Den Eierlikör in die Mitte gießen.

VORSICHT: Der Eierlikör darf nicht auslaufen. Die Torte über Nacht ziehen lassen.

Topfenserviettenknödel mit Butterbröseln und Erdbeerragout

Topfen (20 % Fettanteil)	**1 kg**
Butter, flüssig	**80 g**
Staubzucker	**130 g**
Vanillezucker	**1 KL**
Zitrone (Saft davon)	**1**
Brösel vom entrindeten Toastbrot	**150 g**
Mehl (griffig)	**80 g**
Eier und	**2**
Eidotter	**2**
etwas Salz	
Für die Butterbrösel:	
Brösel	**200 g**
geschmolzene Butter	**ca. 200 g**
Für das Erdbeerragout:	
Erdbeeren, geviertelt	**500 g**
Erdbeersaft	**1/8 l**
Zitrone (Saft davon)	**1**
Zucker	**3 EL**

Zubereitung

Den Topfen fein passieren und mit den anderen Zutaten gut vermischen. Eine halbe Stunde kühl rasten lassen. In der Zwischenzeit reichlich Wasser in einem Topf zum Kochen bringen.

Die Erdbeeren waschen, vom Grün befreien und vierteln. Die großen Erdbeeren nochmals durchschneiden. Alle Zutaten in einen Topf geben und kurz aufkochen lassen. Die Erdbeeren dürfen aber nicht zerkochen, Sie wollen ja keine Marmelade produzieren.

Aus der Topfenmasse eine längliche Rolle formen und in eine feuchte Stoffserviette wickeln. Gut zubinden und in das kochende Wasser legen. Je nach Stärke der Topfenrolle ca. 25–35 Minuten köcheln lassen. Danach auswickeln und in Scheiben schneiden.

Brösel ohne Fettzugabe anrösten und die geschmolzene Butter dazugeben. Die Brösel müssen in der Butter schwimmen. Reichlich Brösel-Butter über die Topfen-Serviettenknödel verteilen. Das Erdbeerragout separat dazu reichen. Mit Staubzucker bestreuen.

Likör, Sirup, Marmelade

Die Dirndln aus Oma Zahels Garten

Eigentlich schmecken die Dirndln, auch bekannt als Kornelkirschen, im Rohzustand nicht wirklich gut und sie sind außerdem sehr sauer. Dirndln kann man auch nur alle zwei Jahre ernten, drum ist es ratsam, man setzt gleich zwei Bäume, damit man diese Früchte jedes Jahr ernten kann; denn Dirndln sind ein extremer Vitamin-C-Spender. Wer jeden Tag etwas Gutes von den Dirndln konsumiert, kommt garantiert gesund durch den ganzen Winter. Die Nuss-Oma setzt immer mit Weingeist einen guten Likör an und unsere Köchin, mittlerweile in Pension, hat jeden Tag ca. 20 von den eingelegten Dirndln bekommen. Krank war sie in den fast zehn Jahren, in denen sie bei uns war, nur ein einziges Mal. Ich bevorzuge dennoch die harmlosere Methode und bereite einen guten, gesunden Aufstrich daraus.

Dirndl-Marmelade

reife Dirndln	***1 kg***
Zitrone	***1***
Beeren	***300 g***
Gelierzucker	***1 kg***

Zubereitung

Die Dirndln waschen und mit dem Zucker und dem Saft einer Zitrone aufkochen lassen. Ich gebe immer Beeren dazu, da die Marmelade dann einen volleren Geschmack erhält. Zehn Minuten einkochen lassen und die Marmelade dann in der Flotten Lotte fein passieren. So bekommt man die kleinen Kerne am besten heraus. Die fein passierte Marmelade in saubere kleine Gläser füllen und gut verschließen. An einem kühlen, dunklen Ort, am besten im Keller, rasten lassen.

Dirndl-Sirup

... geht leicht, ist schnell zubereitet und sehr, sehr gesund. Enthält eine Menge Vitamin C. Den Dirndl-Sirup kann man bei Erkältung in den Tee geben und zum Aufwärmen in einen Punsch oder Glühwein. Sie brauchen aber dann nicht mehr mit Zucker süßen. Für Kinder mit Wasser oder Mineral verdünnen.

reife Dirndln	***2 kg***
Zucker	***1,5–2 kg***
Wasser	***1/4 l***
Zitrone, in Scheiben geschnitten	***1***

Zubereitung

Die reifen Dirndln in ein sauberes Gefäß geben und mit einem Mörser ein bisschen zerstampfen. Das Wasser mit dem Zucker und den Zitronenscheiben aufkochen und zu den zerstampften Dirndln gießen. Gut zudecken und über Nacht ziehen lassen. Am nächsten Tag umrühren und nochmals über Nacht ziehen lassen. Je öfter Sie das machen, desto intensiver wird der Geschmack. Den fertigen Sirup durch ein feines Sieb, am besten geht's mit einem Trichter und feinen Strümpfen, direkt in sterile Flaschen füllen. Gut verschließen und im Kühlschrank oder Keller lagern.

Holunderblüten-Minz-Sirup

Hollerstämmchen, gesäubert	*25*
Minzblätter	*10*
Zitronensäure	*1 Pkg.*
Zucker	*2 kg*
Wasser	*1 1/2 l*
Bio-Zitronen, in Scheiben geschnitten	*3*

Zubereitung

Das Wasser mit dem Zucker aufkochen und so lange kochen lassen, bis sich der ganze Zucker aufgelöst hat. Abkühlen lassen und mit dem Kopf voran die Hollerblüten, die Zitronenscheiben und die Minzblätter, die Sie aber vorher zwischen den Fingern etwas zerreiben, damit sich das Aroma besser entfalten kann, in das Zuckerwasser tauchen. Mit einem Teller beschweren und zudecken. Nach ca. 5–7 Tagen in saubere Flaschen abseihen und kühl lagern.

Tipp: *Servieren Sie doch Ihren Gästen an heißen Tagen einmal einen leichten Sommerspritzer mit diesem Sirup, ein paar Eiswürfeln und einem Minzblatt. Ein herrlich leichtes und sehr erfrischendes Sommergetrank.*

Papas Weichsel-Likör

War der Likör fertig, kamen die Verwandten zum Verkosten vorbei. Was natürlich für uns Kinder (wir lauerten schon auf unseren Beobachtungsposten) jedes Mal sehr lustig war. Wir haben uns immer sehr gewundert, denn nach einigen „Verkost-Weichseln" waren die Tanten dann immer ganz anders und viel heiterer als sonst.

Die Damen bekamen nämlich immer die Früchte mit Eis und die Herren den Likör zum Kosten. Manchmal kam es auch vor, dass ein Kerne-Weitspuck-Wettbewerb veranstaltet wurde. Was natürlich dazu führte, dass zu späterer Stunde der Spucknapf immer größer werden musste … Warum wohl?

reife Weichseln, entstielt	*1 kg*
Weingeist oder Korn	*1 l*
Für den Läuterzucker:	
Zucker	*200 g*
Wasser	*30 ml*

Zubereitung

Für den Läuterzucker das Wasser und den Zucker dicklich einkochen lassen. Die Weichseln leicht einritzen, damit sie den Saft abgeben können. In ein hohes, gut verschließbares, sauberes Glas geben und mit dem Läuterzucker und dem Weingeist auffüllen. Gut verschließen und an einem dunklen Ort ca. 4–5 Monate reifen lassen.

Nuss-Schnaps

grüne Walnüsse, geviertelt	*20*
Korn	*1 l*
Zimtstange	*1*
Vanilleschote	*1/2*
Kamille, getrocknet	
Gewürznelken	*5*
Anis nach Geschmack	
Bio-Orange (Schale)	*1*
Bio-Zitrone (Schale)	*1*
Zucker	*300 g*
Wasser	*500 ml*

Zubereitung

Die Walnüsse am besten in der dritten Juni-Woche – sofern das Wetter mitspielt – ernten. Sie müssen sich relativ leicht durchschneiden lassen. Diese geviertelten Nüsse in ein verschließbares Glas geben. Die Kräuter zufügen und mit dem Korn aufgießen. Das Glas gut verschließen und an einem warmen Ort, am besten auf dem Fensterbrett, für mindestens 6–8 Wochen ziehen lassen. Zwischendurch immer wieder etwas rütteln. Nach dieser Phase das Wasser mit dem Zucker 20 Minuten einkochen. Auskühlen lassen und in ein anderes hohes Glas füllen. Die Nüsse durch ein sehr feines Sieb direkt in das Zuckerwasser abgießen. Den Nuss-Schnaps für weitere Wochen an einem dunklen Ort rasten lassen.

Wir servieren den ersten Nuss-Schnaps immer zu Weihnachten nach dem üppigen Schmaus. Unsere „Nuss-Oma" – sie hat den Namen nicht umsonst – gibt überhaupt keinen Zucker dazu. Dann ist er Medizin pur und BITTE nur löffelweise zu genießen. Er hilft gegen Völlegefühl und Unwohlsein.

Richard Zahel mit seinem Neffen Alexander Skoff. Seit einigen Jahren unterstützt der studierte Weinproduzent seinen Onkel bei der Produktion.

Unser Weingut

Angefangen hat alles sehr bescheiden. Meine Großeltern hatten einen Weingarten, der gerade einmal einen halben Hektar groß war. Der dazugehörige Heurige hatte genau vier Tische und befand sich in einem mehr als 300 Jahre alten Haus.

Das Haus beherbergt noch immer den ursprünglichen Heurigen, wenn auch heute ausgebaut und mit so viel mehr Tischen. Jetzt bewirtschaften wir 25 Hektar Weingärten und kaufen noch Trauben von angrenzenden Nachbarflächen im Ausmaß von 10 bis 15 Hektar dazu.

Was uns aber damals wie heute erfolgreich gemacht hat, das ist unser Familienzusammenhalt. Ein Miteinander von Jung und Alt. Ich bin überzeugt, dass man in der Familie, wenn man zusammenhält, unendlich viel erreichen kann. Wenn auch das Miteinander nicht immer leicht und konfliktfrei ist.

Mein Neffe Alexander Skoff, der im Gegensatz zu mir gelernter Winzer ist, unterstützt mich im Vertrieb, im Export und in der Produktion. Und er teilt mit mir auch den Willen, der Beste zu sein. Schon in meiner Jugend als Rennfahrer hab ich gelernt: Der Zweite ist der erste Verlierer. Deshalb ist es mir so wichtig, immer die Nase vorn zu haben und auf dem Siegerpodest oben zu stehen. Ein Qualitätsanspruch, der mich in der Weinproduktion ständig begleitet. Und der mich antreibt, immer neue Wege zu gehen, unsere Weine ständig weiterzuentwickeln und zu verbessern.

Dabei steht eines fest: Die Qualität des Weines entsteht im Weingarten. Für den Winzer besteht die wahre Herausforderung darin, diese Qualität bis in den Keller zu bringen. Fragt man mich, was einen guten Wein ausmacht, sage ich immer: Ein Drittel macht der Jahrgang aus, ein Drittel der Boden und ein Drittel der Winzer.

STEYR
W 708 FL
30 km

Turbo STEYR

Neun Monate dauert es vom Rebschnitt bis zur Ernte. Nach den neun Monaten weiß man, ob sich die Arbeit eines Jahres gelohnt hat.

Wurden früher im Süden Wiens ausschließlich Weißweine ausgebaut, gedeihen auf den Lössböden heute ausgezeichnete Rotweine.

Ende der 1980er Jahre wurden die ersten Rotweine in Mauer gesetzt: Zweigelt, Merlot, St. Laurent.

CCCP

Weinernte ist Teamarbeit!

Unsere Weine

Der Gemischte Satz war in unserer Gegend hier im Süden, in Mauer, immer schon daheim. Die Winzer mit ihren kleinen Anbauflächen – meist war es nur ein einziger Weingarten – haben die verschiedenen Rebsorten nebeneinander gesetzt. Eine Art Sozialversicherung mit der Natur: Denn wenn eine Sorte von Schädlingen oder Krankheit befallen war, war durch die Vielfalt trotzdem die Ernte gesichert.

Aus der gemischten Auspflanzvariante der einzelnen Rebsorten leitet sich auch der Begriff „Gemischter Satz" ab. Die Trauben werden zusammen gelesen und gekeltert. Meist sind es die Rebsorten Chardonnay, Riesling und Grüner Veltliner, die diesen so typischen Wiener Wein ausmachen.

Wir produzieren sechs verschiedene Gemischter-Satz-Weine, darunter etwa den Gemischten Satz Nussberg, der sich aus Chardonnay, Weißburgunder und Grauburgunder zusammensetzt. Ich bin sehr stolz darauf, dass ich der erste war, der in den 1990er Jahren auf den Gemischten Satz gesetzt hat und damals eine Renaissance dieser alten traditionellen Weinsorte ausgelöst hat.

Bei aller Liebe für den Gemischten Satz vernachlässigen wir nicht die anderen Weißweine. So freuen wir uns auch über die hervorragende Qualität unserer Veltliner, Rieslinge oder Chardonnays.

Rotweine gab es früher keine bei uns. Beim Heurigen standen nur Weißweine auf dem Tisch. Erst Ende der 1980er Jahre haben wir in Mauer mit den ersten Rotweinen begonnen. Und haben bald gemerkt, dass der Lehmboden hier ideal ist, dass die Burgundersorten sehr reif werden. Wir haben dann früh mit dem Ausbau im Barriquefass begonnen und sind heute stolz auf so außergewöhnliche Weine wie den Antares – eine Cuvée aus St. Laurent, Zweigelt, Cabernet Sauvignon und Merlot – oder den Sapor, der 24 Monate im Barriquefass reift.

Neben den Lagen in Mauer finden sich unsere Weingärten auch in Wien-Oberlaa, in Sievering und am bekannten Nussberg. Diese unterschiedlichen Weinbauzonen Wiens mit ihren Böden und Klimaverhältnissen in die Flasche zu bringen, ist für mich enorm spannend.

Und wenn es ein Ziel gibt, das ich verfolge, dann dieses: Den Wiener Wein mit seiner Geschmacksvielfalt der ganzen Welt zugänglich zu machen.

Fünfzig Prozent unserer Weingärten sind mit Gemischtem Satz bepflanzt. Wobei mindestens drei Rebsorten in einem Weingarten zu finden sind.

Der Nussberg ist eine der berühmtesten Lagen von Wien. Der Weinanbau hat auf diesem sandigen Lehmboden mit Muschelkalk eine lange Tradition.

Beim Gemischten Satz werden die Rebsorten gemeinsam geerntet und zusammen verarbeitet.

WEIN
VELTLINER

wiener Wojzah
JETZT NEU WIENER WOJZAH
IN WEISS UND IN ROT!

Cornelia und Richard Zahel haben viel Energie und Innovation in ihren Familienbetrieb gesteckt.

2010 wurde der Shopbereich mit eigenen Weinen und ausgesuchten Spezialitäten eröffnet.

nel
Zahel
WEIN AUS WIEN

Vom Weinberg aus hat man einen traumhaften Blick auf Wien.

Zahel

Weine aus Wien

Five Points
Wiener Gemischter Satz

Antares
Grande Réserve

Blauer Zweigelt

Chardonnay
Riedencuvée

Chardonnay
Bellevue

Chardonnay
Kadolzberg

Gelber Muskateller

Zahel Gemischter Satz

WEIN AUS WIEN

Gemischter Satz Stifterl

Grüner Veltliner Goldberg

Grüner Veltliner 2010 Kaasgraben

Grüner Veltliner 2011 Kaasgraben

Grüner Veltliner Riedencuvée

Nussberg Grande Réserve

Orange T

Pinot Noir Dolomit

WEIN AUS WIEN

Riesling Preussen

Riesling auf der Mauer

Riesling Reisberg

Rosengartl

Rotleiten

Sapor

Sauvignon Blanc

Schloss Schönbrunn Weiß

WEIN AUS WIEN

Schloss Schönbrunn Stifterl

Schloss Schönbrunn Rot

Wiener Gemischter Satz Sekt

St. Laurent Réserve

Zahel Gemischter Satz

Wiener Komposition

Wiener Komposition Riedencuvée

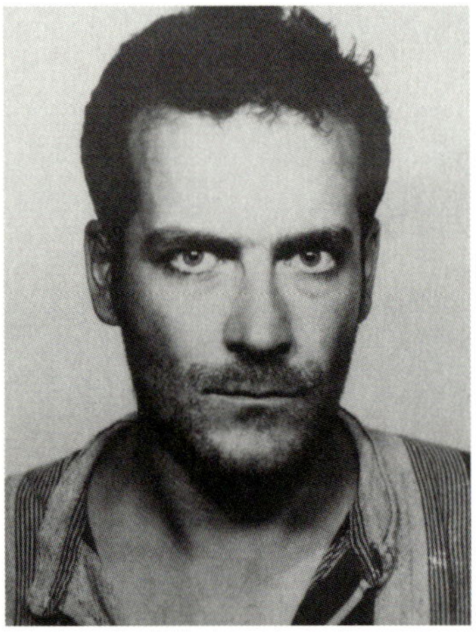

Miguel Dieterich

Seit seiner Kindheit, die er im elterlichen Gastronomie- und Zoobetrieb im schweizerischen Biel verbracht hat, erforscht er die Welt der Kontraste. Die feinen Düfte an Vaters Herd und der scharfe Geruch bei der Löwenfütterung mögen genauso einprägsam gewesen sein wie das Zubereiten der Frucht- und Gemüse-Smoothies für die Orang-Utans in der Futterküche oder das Filetieren des selbst gefangenen Hechts für das montägliche Familienmenü. Nach Wanderjahren hat er sich im Jahr 2000 beruflich der Fotografie zugewandt. Heute sind vor allem Food-Fotografie und Portrait-Shootings für nationale und internationale Zeitschriften und Verlage seine wichtigsten Betätigungsfelder.